Belongs To:

Made in the USA
Monee, IL
11 September 2021

77823328R00061